LES PETITS LIVRES DE M. LE CURÉ,

Bibliothèque du Presbytère, de la Famille et des Écoles.

PROMENADES

GÉOGRAPHIQUES

en France.

Deuxième Partie.

Aubert et Cie, place de la Bourse.

) centimes.   20

LES PETITS LIVRES DE M. LE CURÉ,

BIBLIOTHÈQUE
du Presbytère, de la Famille et des Écoles.

— ●❖● —

PROMENADES
GÉOGRAPHIQUES
EN FRANCE.

●

SECONDE PARTIE.

— ●❖● —

PARIS,
CHEZ AUBERT ET Cᵢₑ, ÉDITEURS,
PLACE DE LA BOURSE.
1843

IMPRIMÉ PAR BÉTHUNE ET PLON, A PARIS.

PROMENADES GÉOGRAPHIQUES

EN FRANCE.

NORD.

Alençon, chef-lieu du département de l'Orne, est une ville agréablement située et très commerçante. On remarque son église paroissiale, ornée d'un superbe portail et d'une belle nef. On trouve aux environs d'Alençon des carrières de pierres qui fournissent les diamants dits d'Alençon, qui ne sont autre chose qu'une espèce de cristal de roche.

A trois lieues de Mortagne, petite ville du même département, se trouve l'abbaye de la Trappe. Les religieux de cette abbaye avaient pour toute nourriture quelques racines cuites avec du sel, et quatre onces de pain par jour; ils observaient un silence absolu, ils se disaient seulement en se rencontrant : Frère, il faut mourir. Un régime aussi sévère les conduisait promptement au tombeau, et beaucoup d'entre eux perdaient la raison.

Saint-Lô, capitale du département de la

Manche, est une ville très-commerçante; on remarque le pont construit sur la Vire.

On trouve, dans le département de la Manche, le mont Saint-Michel, qui était autrefois une abbaye, et qui est aujourd'hui une prison. Le rocher sur lequel la forteresse est bâtie est entouré par l'eau de la mer la moitié du jour, l'autre moitié, il se trouve à sec, sur une plage aride et sablonneuse. Au-dessous de la forteresse se trouve le village, qui s'élève en spirale autour du rocher.

Granville, port sur la Manche, est une ville très-importante à cause des armements considérables qui s'y font. C'est de là que viennent une grande partie des huîtres que l'on croit détachées du rocher de Cancale. Les femmes de Grandville se livrent exclusivement à la pêche des huîtres, tandis que les hommes sont au banc de Terre-Neuve occupés à la pêche de la morue.

Cherbourg est une ville maritime bien fortifiée; sa rade est une des meilleures de France. Le port est éclairé par un fanal qui contient seize réverbères à trois becs; dix gardiens veillent continuellement, afin de ne pas laisser éteindre ces feux. On remarque à Cherbourg la manufacture de glaces.

Le département du Calvados tire son nom des rochers très-élevés qui bordent les côtes. On dit qu'un vaisseau espagnol, qui se nommait le Calvados, donna son nom à ces rochers contre lesquels il vint échouer.

Caen, capitale de ce département, est une ville grande et bien bâtie; elle a de belles places et de superbes promenades.

Entre autres monuments, on distingue le palais de Guillaume-le-Conquérant, transformé en collége; l'abbaye aux Hommes, qui tient au collége, est un beau et vaste monument.

Les paysans des environs de Caen ont conservé une foule d'anciens usages; ils croient aux revenants et ont confiance en certaines vieilles femmes qui repoussent les sorts que les sorciers jettent sur les bestiaux.

A Caen, la veille de Noël, les enfants parcourent les rues avec des lanternes appelées *falots*, en criant : Adieu Noël, Noël s'en va !

Caen est la patrie de Malherbe, de Huet, évêque d'Avranches, et de Clément Marot.

Aux environs de Vire, petite ville à deux lieues de Caen, les mariages se célèbrent de la manière suivante : tous les invités se réunissent au domicile de la jeune fille à marier. Puis, deux à deux, ils se rendent à l'église; le *vio-*

toneux marche en avant et joue les deux ou trois airs qui composent son répertoire. Lorsque le moment est venu de mettre dans le plat la pièce de mariage, le nouveau marié donne de la monnaie ordinaire; la somme plus ou moins forte qu'il offre prouve quel cas il fait de la personne qu'il épouse. Quelques jeunes gens, voulant prouver tout le prix qu'ils attachent à la possession de l'objet aimé, empruntent aux voisins une somme de deux ou

trois cents francs, qui est étalée aux yeux des

assistants, mais qui ne reste pas plus d'un jour dans la bourse de la mariée ; pendant deux jours on mange et on danse sans interruption.

Chaque convié fait un cadeau à la mariée, ces cadeaux consistent en casseroles de fer et en pots et plats d'étain. Le dimanche qui suit la célébration du mariage, la mariée est conduite à l'église pour être placée ; le bedeau lui porte le pain bénit, et reçoit en échange de cette politesse un beau ruban rouge que l'on attache à sa boutonnière, et une pièce de fil qui est placée sur l'autel de la Vierge.

La ville de Vire ne mérite d'être citée que pour rappeler qu'elle a été la patrie d'Olivier Basselin, inventeur des couplets à refrain. Ses chansons, pleines d'esprit, furent connues partout ; elle furent d'abord appelées vaux-de-Vire, puis plus tard elles prirent celui de vaudevilles.

Bayeux, l'une des villes les plus considérables du Calvados, possède une cathédrale dont le portail et les trois clochers méritent de fixer l'attention.

Évreux, chef-lieu du département de l'Eure, est une ville très-importante. Ses manufactures de draperies et ses filatures de coton, occupent une grande partie de ses neuf mille habitants. Entre autres monuments remarquables, on distingue, la cathédrale, l'hôtel de la préfecture , l'évêché et le collége. Le parc, les promenades et les jardins sont magnifiques.

A l'extrémité du faubourg de Caen est le château de Navarre, bâti par la reine Jeanne, épouse de Philippe, comte d'Évreux. Le duc de Bouillon le fit reconstruire en 1686 sur les dessins de Mansard; il est aujourd'hui démoli.

On voit à une lieue d'Évreux les ruines d'un temple consacré à Diane, et des souterrains; à huit lieues de là se trouvent les plaines d'Ivry, où Henri IV gagna, en 1590, une bataille qui décida du sort de la France.

Dans l'arrondissement de Pont-Audemer, lorsqu'une personne est à l'agonie, on place un cierge allumé au pied du calvaire; comme on est persuadé que la vie s'éteint seulement avec le cierge, plus on aime la personne mourante, plus le cierge est gros: au moment où l'âme va se séparer du corps, on tinte treize coups avec la grosse cloche pour les riches, avec la moyenne pour les gens aisés et avec la petite pour les pauvres.

Rouen , capitale du département de la Seine-Inférieure , est une des villes les plus anciennes et les pluscommerçantes de France. Elle est en général mal bâtie, mais cependant elle possède

de beaux monuments: la cathédrale, l'église de
Saint-Ouen et celle de Saint-Maclou méritent
de fixer l'attention; on remarque encore le palais de justice, le tribunal de commerce et les

halles de cette ville. Il y a deux ponts: le pont
de pierre, nouvellement construit, et le pont
de bateaux qui s'élève avec la marée et s'ouvre
pour laisser passer les bâtiments marchands.

Les environs de Rouen, ornés de jolies maisons de campagne, offrent des sites pittoresques et de très-beaux points de vue.

Rouen a vu naître Pierre Corneille, Fontenelle, et le père Daniel, auteur d'une histoire de France.

C'est dans cette ville que Jeanne d'Arc fut brûlée par les Anglais en 1431. On lui a érigé une statue sur la place de la Pucelle, appelée autrefois marché aux Veaux.

Dieppe, port sur la Manche, est une ville renommée pour ses bains de mer : on y pêche le hareng et le maquereau. Les ouvrages en ivoire, en os et en corne qui se fabriquent dans cette ville sont très-recherchés.

On remarque à Dieppe plusieurs beaux monuments, entre autres l'église Saint-Jacques, beau morceau d'architecture gothique, avec une tour très-élevée d'où l'on découvre les côtes d'Angleterre ; l'église de Saint-Remi et la salle de spectacle, petite mais élégante.

Le Havre, port de mer sur la Manche, à l'embouchure de la Seine, est une ville très-importante par un commerce d'importation et d'exportation. On y remarque le port, ouvrage de la nature ; les bassins, les phares, les arceaux et un riche muséum. Le Havre doit sa

fondation à Louis XII. François Ier le fit for-
tifier, et Richelieu y fit bâtir une citadelle.

On trouve encore, dans ce département, Fé-
camp et Saint-Valery-en-Caux , ports de mer
assez importants.

Beauvais, capitale du département de l'Oise,
est une ville assez mal bâtie , mais qui possède

de beaux monuments. Le chœur de la cathédrale, inachevé, est un chef-d'œuvre par sa hardiesse, ses proportions et son élévation ; on y admire le tombeau du cardinal Forbin de Janson, l'hôtel de ville est un édifice très-remarquable. La ville de Beauvais est devenue célèbre par sa belle défense contre Charles-le-Téméraire, duc de Bourgogne, qui en fit le siége en 1472 et fut repoussé par la valeur de Jeanne Hachette combattant sur les remparts à la tête de toutes les femmes de la ville.

Louis XI, voulant récompenser cet acte de courage, permit aux femmes de précéder les hommes à la procession solennelle qui se faisait tous les ans le 14 octobre.

On célébrait autrefois à Beauvais une cérémonie qu'on appelait fête des fous. Voici en quoi elle consistait : une jeune fille de la ville montée sur un âne et tenant un enfant dans ses bras, se rendait, en procession, de la cathédrale à l'église Saint-Étienne ; elle était suivie de l'évêque et du clergé. Arrivée dans le sanctuaire, elle allait se placer près de l'autel, toujours montée sur un âne ; on commençait la messe, et on ajoutait au *Gloria in excelsis* et au *Credo* le refrain, *hin, han* souvent répété, pour imiter le cri de l'âne, puis, après avoir vanté les qualités de l'animal, on chantait en couplet :

> Hez hi asne, las chantez,
> Belle bouche rechignez,
> Vous aurez du foin assez
> Et de l'avoine à plantez.

Cela fait, on fléchissait le genou devant l'âne; et on le priait de vouloir bien oublier sa nourriture pour répéter *amen, amen :* le prêtre terminait la messe en imitant trois fois le cri de l'âne. Cette fête, ridicule et scandaleuse, fut pendant long-temps tolérée par l'Église.

Compiègne, petite ville bâtie sur l'Oise, a un château royal entouré d'un parc et de magnifiques jardins. Louis XIV fit reconstruire entièrement la façade. La forêt de Compiègne, qui s'étend à l'est et au sud de la ville, contient 14,500 hectares, et est un rendez-vous de chasse royale. La Pucelle d'Orléans y fut prise par les Bourguignons et livrée aux Anglais, qui la firent brûler vive, à Rouen, le 30 mai 1431.

A Senlis, petite ville sur la Nonnette, on remarque l'élévation de la flèche du clocher de l'ancienne cathédrale.

Amiens, capitale du département de la Somme, est une ville grande et bien bâtie. Ses monuments les plus remarquables sont : la ca-

thédrale, chef-d'œuvre d'architecture gothique;
elle a 392 pieds de long sur 76 de large et
120 pieds de hauteur. La hardiesse et l'élévation de la nef étonnent l'observateur. Les autres monuments dignes de fixer l'attention sont:
la halle aux blés, la bibliothèque, contenant
40,000 volumes; l'hôtel de la préfecture et le

collége. La promenade de la Hautroye est une
des plus belles de France.

Amiens a vu naître Gresset et le grammairien Wailly.

Autrefois, les habitants d'Amiens avaient coutume de présenter des cygnes aux rois de France qui venaient visiter cette ville. Lorsque Bonaparte, encore premier consul, visita le nord de la France, cet usage fut remis en vigueur; les bourgeois lui présentèrent de fort beaux cygnes, qui furent envoyés à Paris et placés sur les bassins des Tuileries.

Péronne, petite ville sur la Somme, est entourée de fortifications en briques. Cette place est si bien défendue que jamais elle n'a été prise. Charles-le-Simple et Louis XI furent détenus dans sa forteresse.

Le département du Pas-de-Calais possède six ports de mer, parmi lesquels on distingue Calais et Boulogne.

Calais, port sur le détroit du même nom, offre le passage le plus court pour aller de France en Angleterre. On fait en trois heures le trajet de Calais à Douvres par les bateaux à vapeur. On remarque à Calais une superbe porte bâtie par le cardinal de Richelieu, l'hôtel de ville, la place d'armes, le maître-autel de l'église paroissiale, construit en marbre d'Italie, et la tour de l'horloge, édifice élégant dans le genre gothique. C'est à Calais que débarqua Louis XVIII en 1814.

On remarque à Boulogne un magnifique établissement de bains de mer et quelques beaux monuments. Les remparts sont devenus une promenade fort agréable, d'où l'on peut découvrir la tour de Douvres quand le ciel est pur. Non loin des murs de cette ville, on remarque la colonne en marbre gris élevée en l'honneur de la grande armée. Cette colonne, restée longtemps inachevée, a été enfin terminée et inaugurée en 1841.

Arras, capitale du Pas-de-Calais, est une ville grande et bien peuplée. Entre autres monuments remarquables, on distingue l'hôtel de ville, la cathédrale, la citadelle, une des plus belles des Pays-Bas; l'hôtel de la préfecture, les casernes et la tour du beffroi. Arras a de jolies promenades et une bibliothèque de 34,000 volumes.

Les Français se rendirent maîtres de cette ville, en 1640, sur les Espagnols, qui avaient écrit sur une des portes :

Quand les Français prendront Arras,
Les souris mangeront les chats.

Après la prise d'Arras, les Français se contentèrent d'ôter le *p* qui se trouve dans cette inscription.

Arras est une ville très-commerçante. De nombreuses fabriques de tapisseries, de toiles, de dentelles et de porcelaines occupent en tout temps un nombre considérable d'ouvriers.

Il y avait autrefois à Arras une compagnie dont les membres portaient le nom de francs-hommes; leur chef avait le titre de roi des gentils, il était électif et pris parmi le peuple. Cette compagnie veillait à ce que les maris conservassent l'autorité conjugale. Le jour de l'An et à la Saint-Martin le roi des gentils, suivi des francs-hommes, allait rendre visite aux échevins, qui lui donnaient une gratification. Cet argent servait à payer les frais d'un festin après lequel la troupe allait dans les faubourgs, et se rendait au domicile de ceux qui se laissaient conduire par leurs femmes: le roi des gentils, pour les punir, faisait découvrir complétement leurs maisons, et les menaçait de revenir à la fête prochaine, s'ils ne reprenaient leur autorité; après cette opération, la bande joyeuse se séparait pour six mois.

Saint-Omer est une ville de guerre très-importante, elle possédait avant la révolution de beaux monuments; et l'on admire encore aujourd'hui la cathédrale, dans laquelle on trouve le tombeau de saint Omer. Les promenades de la ville sont les remparts et les bords du canal. Les Français s'emparèrent de cette ville, en 1677, après la bataille de Cassel.

Le département du Nord occupe la partie la plus septentrionale de la France; il compte beaucoup de villes importantes, tant par leur commerce que par les souvenirs historiques qui s'y rattachent.

Lille, capitale de ce département, doit ses fortifications et son admirable citadelle au génie de Vauban. Cette ville est grande et bien bâtie, on y entre par sept portes; la plus remarquable est sans contredit celle de Paris, terminée par un trophée sur lequel on voit la Victoire qui couronne Louis-le-Grand. La salle de spectacle et l'Hôpital-Général méritent de fixer l'attention des voyageurs.

Douai, sur la Scarpe, est une ville très-grande mais mal peuplée; un superbe arsenal et la meilleure fonderie de canons qu'on ait en France, lui donnent un aspect tout guerrier. Cette ville est la patrie de Jean de Boulogne, célèbre sculpteur, et de Calonne, ministre de Louis XVI.

Dunkerque a un port très-vaste et très-fréquenté, la rade est une des plus belles de l'Europe. On remarque, dans cette ville, la place du Champ-de-Mars, décorée de la statue de Jean-Bart ; les promenades et la façade de l'église Saint Éloi. Jean-Bart, l'un des plus intrépides marins que l'on ait jamais vus, est né à Dunkerque ; il joignait à beaucoup de courage et à un grand génie, toute la rusticité d'un marin. Louis XIV lui ayant dit un jour : — Jean-Bart, je te fais chef d'escadre ; le brave marin répondit au roi : — Sire, vous faites bien.

Depuis le bombardement de 1793, Valenciennes a des rues tirées au cordeau. Cette ville, traversée par l'Escaut, a des fortifications construites par Vauban. Les monuments les plus curieux sont : la tour du beffroi, l'hôpital, l'arsenal et une belle salle de spectacle. On fabrique à Valenciennes beaucoup de dentelles, de batistes et de linons. Cette ville a vu naître Froissard. Dans les environs immédiats de Valenciennes est Anzin, chef-lieu de la plus grande exploitation houillère de France ; on y compte quarante puits d'extraction, 16,000 ouvriers y sont employés.

Laon, capitale du département de l'Aisne, fut bâtie par Clovis, qui entoura de maisons un château-fort isolé qui se trouvait en cet endroit.

A quatre lieues et demie de Laon se trouve le village de Saint-Gobin, célèbre par son usine à couler les glaces.

Saint-Quentin est une ville très-considérable par ses manufactures et le canal qui porte son nom. On remarque l'église paroissiale et la bibliothèque. Cette ville fut prise par les Espagnols, en 1557, malgré la courageuse défense de la garnison.

Soissons est une ville très-ancienne, qui fut, sous les rois de la première dynastie, capitale d'un royaume de ce nom.

Château-Thierry, petite ville sur la Marne, a donné le jour à Jean La Fontaine.

La Ferté-Milon fut la patrie de Jean Racine.

Mézières, capitale du département des Ardennes, est une place forte dont la Meuse fait une presqu'île. François Ier voulant faire brûler cette ville, qu'il croyait trop faible pour résister à Charles-Quint, Bayard l'en empêcha et vint prendre le commandement de cette place. Charles-Quint, ayant tenté de s'en emparer, fut obligé de lever le siége, grâce à la courageuse défense du chevalier Bayard.

Mézières n'est séparée de Charleville que par un pont sur la Meuse. Cette dernière ville, bâtie en 1609, a des rues tirées au cordeau, possède une fonderie de canons et une manufacture royale d'armes à feu.

La ville de Rocroi est devenue célèbre par la victoire du grand Condé sur les Espagnols, en 1643. Cette bataille établit la réputation du prince de Condé, qui, à cette époque, n'était encore que duc d'Enghien.

Sédan, place forte, est une ville très-importante à cause de ses manufactures de draps noirs très-estimés. Turenne naquit à Sédan.

Metz, capitale du département de la Moselle, est une ville très-bien fortifiée et embellie par les changements qu'y fit faire le maréchal de Belle-Isle pendant qu'il fut gouverneur de la province. On remarque ses casernes, sa cathédrale, sa bibliothèque et une école d'application des corps d'artillerie et du génie.

Avant la révolution, les juifs occupaient un quartier de la ville séparé. Ils habitaient cette partie de la ville au nombre de quatre mille, sans pouvoir se loger ailleurs.

Metz est la patrie d'Abraham Fabert, qui, de fils de libraire, devint maréchal de France sous Louis XIII.

Autrefois on promenait dans les rues de Metz,

aux fêtes des Rogations, un mannequin ayant la

forme d'un dragon ; ce dragon s'arrêtait devant les boulangers et les pâtissiers, qui s'empressaient de jeter dans sa gueule des petits pains et des gâteaux.

On croyait généralement que c'était la représentation d'un monstre dont saint Clément, évêque de Metz, avait délivré le pays.

Thionville, située sur la rive gauche de la Moselle, est remarquable par ses fortifications.

Les paysans du Bas-Rhin sont généralement ignorants et superstitieux ; ils vous disent avec un sang-froid admirable que souvent ils ont vu courir les sorcières la nuit, et que ces apparitions leur ont toujours porté malheur.

Lorsqu'une femme accouche d'un garçon, le père du nouveau-né se rend chez le curé, la tête couverte d'un chapeau noir ; lorsqu'au contraire sa femme est accouchée d'une fille, le paysan, de mauvaise humeur, se couvre la tête d'une casquette grise.

Cet usage est particulièrement en vigueur dans la commune de Stotzheim près de Bar.

Dans l'arrondissement de Schélestadt, le lundi de la Pentecôte, les jeunes garçons, armés de balais, se rendent chez tous les paysans afin d'en obtenir des ceps de vigne ou de vieux balais ; ils souhaitent bonheur et prospérité à ceux qui donnent et maudissent ceux qui refusent. Ils se rendent après cela dans un champ voisin et font un grand feu avec le bois qu'on vient de leur donner ; puis chacun saute par-dessus les flammes au bruit des acclamations de la bande joyeuse, qui se sépare lorsque le feu est éteint.

Strasbourg, capitale du département du Bas-Rhin, est une place de guerre fortifiée par Vauban. Cette ville est grande et bien bâtie. Ses monuments les plus remarquables sont : l'hôtel de la préfecture, l'évêché, l'hôtel de ville, la salle de spectacle, l'arsenal et le mausolée du maréchal de Saxe, chef-d'œuvre de Pigale. La cathédrale, dont la construction a duré cent soixante ans, est un des plus beaux édifices de l'Europe. Sa tour, percée à jour et découpée comme de la dentelle, est la plus belle qu'on puisse voir ; elle a 445 pieds d'élévation. L'horloge est un chef-d'œuvre de mécanisme par la quantité de ses machines qui marquent le mouvement des constellations, les jours et l'heure. On dit que les magistrats de Strasbourg, jaloux de posséder seuls un tel chef-d'œuvre, firent crever les yeux à l'habile mécanicien, qui, pour se venger de cet acte de barbarie, gâta son ouvrage, sous prétexte de le perfectionner ; depuis ce temps, personne ne put réparer ce chef-d'œuvre. Les environs de Strasbourg sont assez agréables. La promenade la plus fréquentée est la promenade Robertsau, plantée sur les dessins de Le Nôtre et embellie d'une orangerie magnifique.

Nancy, capitale du département de la Meurthe, est une des plus belles villes de France par sa régularité et la magnificence des ses édifices publics. Elle doit beaucoup à la munificence de Stanislas, roi de Pologne et beau-père de Louis XV, qui lui céda la Lorraine lorsqu'il fut détrôné. Ce prince, surnommé à juste titre le Bienfaisant, fit construire la place Royale, ornée de la statue de Louis XV. Cette place forme un carré bordé de maisons régulières, parmi lesquelles on remarque l'hôtel de ville, l'ancien palais des ducs de Lorraine et beaucoup d'autres monuments. On voit dans l'église de Notre-Dame-de-Bon-Secours le mausolée de Stanislas-le-Bienfaisant, chef-d'œuvre de Girardon.

Cette ville a vu naître Callot, le duc de Choiseul, le maréchal de Bassompierre, Saint-Lambert, auteur du poème des Saisons; les peintres Isabey et Laurent, et le poète Gilbert.

Lunéville, quoique ancienne, est une assez jolie ville. On remarque l'ancien palais des ducs de Lorraine, qui sert aujourd'hui de caserne; le

Champ-de-Mars, le manége, dont on admire l'étendue, et le tombeau de la marquise du Châtelet, immortalisée par Voltaire. Stanislas fit de cette ville la capitale de son petit royaume.

C'est dans cette ville que fut signée, le 9 février 1801, après les victoires d'Hochstett et de Hohenlinden, le traité de paix entre la France et l'Autriche, qui porte son nom.

L'étymologie du nom de Lunéville est assez curieuse pour être rappelée. Plusieurs historiens disent qu'il y avait autrefois sur la montagne de Léomont, qui se trouve aux environs de Lunéville, un temple consacré au culte de Diane, et que la source qui se trouve au bas de la montagne en était la fontaine sacrée. Diane, considérée comme déesse de la nuit, portait le nom de Lune : c'est de là, dit-on, que le nom de cette ville est dérivé.

Non loin de Nancy est le petit village de Roville, renommé par sa *ferme expérimentale,* regardée comme la plus importante de France, et dirigée par l'un de nos plus savants agronomes, M. de Dombales. A cet établissement sont attachés une *école d'agriculture* et une fabrique d'instruments aratoires.

Toul, petite ville sur la Moselle, possède une cathédrale qui mérite de fixer l'attention. Cette

ville fut prise par Henri II, en 1552, et resta
à la France par le traité de Westphalie.

Bar-le-Duc, capitale du département de la
Meuse, est une assez jolie ville quoique ancienne. Elle fut fondée par le duc Frédéric, qui,
voulant se mettre en garde contre les invasions
des Champenois, fit construire un château-fort
à la place que la ville occupe aujourd'hui. On
voit dans l'église Saint-Pierre un bas-relief
qui représente un cadavre pourri rongé par les
vers. Ce morceau est l'ouvrage de Richier

d'Agouville, dont le talent fut apprécié par Michel-Ange, qui le fit venir à Rome, où son goût se perfectionna.

Bar-le-Duc fait un grand commerce de bonneterie et de toiles de coton.

Verdun est une ancienne et jolie ville, traversée par la Meuse ; elle doit les fortifications dont elle est entourée au grand génie du maréchal de Vauban. François de Chevert, qui de simple soldat s'éleva par son mérite au grade de lieutenant-général, sous Louis XV, naquit dans cette ville.

Aux environs de Vaucouleurs, petite ville sur les bords de la Meuse, naquit Jeanne d'Arc, qui étonna la France par son rare courage et ses vertus.

Commercy, une des plus jolies villes du département de la Meuse, possède un château bâti par le prince de Vaudemont, fils naturel de Charles IV.

Châlons-sur-Marne, chef-lieu du département de la Marne, est une ville assez remarquable. Ses principaux monuments sont : l'hôtel de ville, l'hôtel de la préfecture et la cathédrale, dont on admire les flèches. La promenade, qu'on appelle le Jard, est une des plus belles de France.

Reims est une des villes les plus anciennes et des plus célèbres de France; elle est située dans une plaine entourée de collines où l'on récolte un vin délicieux. Reims possède de beaux monuments parmi lesquels on remarque l'hôtel de ville et la cathédrale, dont le portail est un chef-d'œuvre d'architecture.

Pendant plusieurs siècles, les rois de France furent sacrés par l'archevêque de Reims.

Cette ville est la patrie du grand Colbert, ministre de Louis XIV, et du naturaliste Pluche.

Melun, chef-lieu du département de Seine-et-Marne, n'a rien de bien remarquable. On trouve dans les environs quelques vestiges d'antiquités. A Blandi, on voit une tour qui fut, dit-on, bâtie par Thierry II.

A Dammarie, village à une lieue de Melun, on remarque les ruines d'une abbaye fondée par la reine Blanche, femme de Louis IX.

On dit souvent à quelqu'un qui crie très-fort : Vous criez comme les anguilles de Melun. Voici ce qui a donné lieu à ce proverbe : Deux frères nommés Languille, et natifs de Melun, furent condamnés à être pendus ; comme ils criaient et se lamentaient en approchant du lieu du supplice, le bourreau leur dit en riant :

« Hé bien , vous criez avant qu'on ne vous » écorche ! » Depuis ce temps, on a toujours dit : « Vous criez comme les anguilles de Melun. »

Fontainebleau est une ville bien bâtie, et agréablement située au milieu de la forêt du même nom.

Après le château royal de Versailles, celui de Fontainebleau tient le premier rang parmi ceux qui avoisinent Paris. Il est bâti au fond d'un vallon ; et les divers bâtiments dont ils se compose, construits à des époques différentes, ne sont pas d'une architecture régulière. Les jardins forment des promenades magnifiques ; on y admire de belles statues, de superbes cascades, des allées à perte de vue, et la treille du roi.

La grande route du midi traverse Fontainebleau. La forêt, qui entoure cette ville, contient 33,000 arpents, et offre les sites les plus pittoresques.

Meaux se glorifie d'avoir eu pour évêque le célèbre Bossuet ; on voit son tombeau dans la cathédrale.

Versailles, chef-lieu du département de Seine-et-Oise, possède un château royal qui fait l'admiration de tous ceux qui se trouvent à même de juger de la magnificence de ce palais, l'un des plus beaux de l'Europe. Louis XIII en fut le fondateur. Il avait seulement l'intention de le destiner à un rendez - vous de chasse; mais Louis XIV résolut d'en faire une résidence royale, et les dépenses qui furent faites alors ne s'élèvent pas à moins de dix-huit cents millions. Ce palais, l'une des merveilles du siècle de Louis XIV, est dû au talent de Mansard, Lebrun et Le Nôtre. Trois belles avenues conduisent au château et aboutissent à la place d'armes. La grande galerie, peinte par Lebrun, est une des plus belles de l'Europe. On remarque les appartements du roi et de la reine, le musée, le cabinet d'histoire naturelle et la salle de spectacle.

Les jardins, plantés par Le Nôtre, sont ornés de superbes statues, de cascades et de pièces d'eau. L'orangerie mérite de fixer l'attention. On voit sur la place d'armes, presque en face du château, les grandes et les petites écuries.

Le palais de Trianon, dans le parc à droite du grand canal, se compose seulement d'un rez-de-chaussée formé de deux ailes terminées par deux pavillons ; les jardins de ce palais sont magnifiques.

Le petit Trianon se trouve à l'extrémité du

parc du grand Trianon ; ce petit palais consiste en un pavillon composé d'un rez-de-chaussée et de deux étages ; il est élégamment meublé, et ses jardins sont délicieux.

Depuis que la cour a quitté Versailles, cette ville, si active et si gaie, est devenue triste et déserte.

Meudon possède un château royal bâti par Philibert Delorme, sur une hauteur. Les jardins ont été plantés par Le Nôtre.

On remarque à Saint-Cloud un beau château royal, avec un parc planté par *Le Nôtre*. De longues allées, de superbes cascades, de beaux sites et des jardins charmants rendent cette résidence infiniment agréable pendant la saison d'été.

On a établi à Saint-Cloud un haras royal.

Saint-Cyr, village à une lieue de Versailles, avait, sous Louis XIV, une communauté fondée par madame de Maintenon pour l'éducation de jeunes filles nobles. Cette maison est aujourd'hui occupée par l'école royale militaire; et l'établissement fondé par Mme de Maintenon a été transporté à Saint-Denis.

On remarque à Rambouillet le château royal, où mourut François 1er. On trouve dans ce palais une magnifique laiterie en marbre blanc.

Le parc a 26,000 arpents , et la forêt qui l'avoisine en contient 30,000.

Saint-Germain-en-Laye est une jolie ville, bien peuplée. Sa position sur le coteau qui domine la Seine, sa terrasse d'une lieue de long, ses environs, qui offrent une foule de beaux sites, font de cette ville un séjour charmant. Le château royal, commencé par Louis VI, fut terminé sous Louis XIV. C'est dans ce palais que naquirent Henri II , Charles IX et Louis XIV.

Jacques II, roi d'Angleterre, y trouva un asile et y mourut.

La forêt de Saint-Germain contient 2,600 arpents.

EST.

Dans les campagnes du département du Loiret, les mariages se célèbrent de la manière suivante :

Les deux époux tiennent un cierge allumé ; pendant la cérémonie on est fermement convaincu que celui des deux dont le cierge a brûlé le plus vite, doit mourir le premier.

Pendant la cérémonie, on a coutume de piquer les deux époux jusqu'au sang, afin de voir celui des deux qui doit être le plus jaloux.

Les noces durent trois jours : à la fin de la troisième journée, on place un pot de terre au bout d'une fourche, et chaque convive doit se diriger, les yeux bandés, du côté de la fourche et abattre le vase d'un seul coup. Celui qui est assez adroit pour réussir, a droit d'embrasser la mariée. Celui qui échoue est immédiatement placé sur un trône de verdure, on lui verse à boire, et chacun fait semblant de trinquer avec lui. Le convive maladroit qui laisse toucher un verre par l'individu placé sur le trône champêtre , prend immédiatement sa place.

Orléans, capitale de ce département, est une grande et belle ville bâtie sur les bords de la Loire, et avantageusement située pour le commerce. On remarque la cathédrale et le pont sur la Loire. Le canal de Briare commence son cours à deux lieues d'Orléans, et fait communiquer la Loire avec la Seine.

Cette ville est célèbre par le siége soutenu contre les Anglais, qui furent forcés de le lever grâce à la valeur de Jeanne d'Arc surnommée la Pucelle d'Orléans. On voit sa statue sur la place du Martroy.

Orléans est la patrie du père Pétau, chronologiste distingué, et de l'historien Amelot de La Houssaie.

Gien , petite ville sur la Loire , à 15 lieues d'Orléans , est célèbre par le séjour qu'y fit Louis XIV pendant les guerres civiles qui trou blèrent les premières années de son règne.

On ne peut manquer de visiter la ville et le château de Sully, qui rappellent le sage ministre de Henri IV, qui venait souvent dans cette retraite vivre loin des flatteurs.

Auxerre , chef-lieu du département de l'Yonne, doit une grande partie de son importance commerciale à son heureuse situation au milieu d'un territoire fertile et sur les bords de l'Yonne. On remarque le palais épiscopal, la nef de la cathédrale et l'église Saint-Pierre.

Avallon, petite ville à 12 lieues d'Auxerre, est assez remarquable. On admire l'hôpital et le portail de l'église paroissiale ; de belles promenades, qui offrent les sites les plus pittoresques, font de cette ville un séjour assez agréable : en face dela promenade du petit Cours se trouve le camp des Alleux, qu'on dit être un ancien camp romain.

Sens est une ville très-ancienne qui fut la capitale des Gaulois-Sénonois. Entre autres monuments remarquables on distingue la cathédrale, beau morceau d'architecture gothique, et le mausolée du dauphin fils de Louis XV, chef-d'œuvre de Coustou.

Joigny et Tonnerre produisent des vins très-estimés.

Autrefois les seigneurs champenois avaient le droit de lever une taxe sur les marchandises qu'on faisait passer sur leur territoire. Cependant pour encourager l'éducation des moutons, dont le commerce rapportait beaucoup aux seigneurs, on affranchit du droit de passage, les troupeaux qui ne se composaient pas de

cent moutons. Un berger en conduisait un jour
quatre-vingt-dix-neuf, disant qu'on ne pouvait
rien lui demander parce qu'il n'y avait pas cent
moutons ; mais le seigneur du village trancha
la difficulté, en décidant que le berger et ses
quatre-vingt-dix-neuf moutons comptaient pour

cent bêtes : depuis ce temps, on dit, mais bien
souvent à tort, que quatre-vingt-dix-neuf mou
tons et un Champenois font cent bêtes.

Troyes, ancienne capitale de la Champagne, et maintenant chef-lieu du département de l'Aube, est une ville ancienne qui n'a rien de bien remarquable que la cathédrale.

Cette ville est la patrie du sculpteur Girardon et du peintre Mignard, qui a donné son nom à la miniature.

Arcis-sur-Aube, Bar-sur-Aube et le bourg de Brienne sont autant de champs de bataille où nos armées firent des prodiges en 1814.

Chaumont, capitale du département de la Haute-Marne, est une ville mal bâtie, qui n'offre rien de remarquable.

Au commencement du dix-huitième siècle, on célébrait encore à Chaumont une fête que l'on appelait la diablerie. Le jour de la Nativité de saint Jean, lorsque la procession sortait de l'église, douze hommes vêtus de longues robes noires sur lesquelles étaient peintes des flammes, et ayant les figures couvertes de masques hideux, suivaient le cortége. Dans tous les endroits où la procession passait, on élevait des théâtres, sur lesquels on donnait la représentation des principaux actes de la vie de saint Jean. A la fin du spectacle, on coupait une tête postiche au personnage qui remplissait le rôle du saint; et une poupée que l'on jetait du haut

d'une tour élevée, représentait la chute d'Hé-
rode dans l'enfer.

Lorsque la procession était rentrée, les douze
individus dont nous avons déjà parlé, parcou-
raient la ville et la campagne, mettant à con-
tribution tous les étrangers qu'ils rencontraient.
Beaucoup de personnes venaient de fort loin,
pour assister à cette singulière cérémonie, et
l'on voyait des moines écoutant, au milieu des
rues, la confession des dévots pèlerins.

Le jour des Rameaux, douze individus, repré-
sentant aussi des diables, se tenaient dans l'é-
glise ; et lorsque la procession rentrait ils chantaient le *Quis est iste rex Gloriæ*, et par-
couraient ensuite les campagnes voisines. Ces
fêtes, qui occasionnaient de graves désordres,
furent abolies au dix-huitième siècle.

A Langres, lorsqu'aux approches de Pâques
on cessait de chanter *Alleluia*, comme cela se
pratique dans toutes les églises catholiques, on
célébrait dans la cathédrale une fête que l'on
appelait la flagellation de l'Alleluia. Voici quelques détails sur cette singulière cérémonie : on
inscrivait sur une toupie le mot *Alleluia*. Les
enfants de chœur venaient ensuite, avec la
croix et la bannière, à l'endroit où se trouvait la
toupie, et ils la faisaient pirouetter à coups de

fouet, jusqu'à ce qu'elle fût hors du temple ; pendant ce temps, les chantres chantaient des psaumes et, lorsque la toupie était chassée, on souhaitait un bon voyage à l'Alleluia et on l'engageait à revenir la veille de Pâques.

Langres, petite ville épiscopale, occupe l'emplacement de l'une des principales cités des Gaules. Elle est renommée par la coutellerie et par les excellentes meules, qu'elle envoie aux contrées de l'Europe les plus éloignées. La cathédrale, beau monument du moyen âge ; son séminaire, son collège, sa bibliothèque, le cours de géométrie et de mécanique appliquées aux arts, qui s'y professe, sont tout ce qui rappelle l'antique splendeur d'*Audomatunum*.

Bourbonne-les-Bains, petite ville à huit lieues de Langres, possède des eaux thermales très-fréquentées et un grand hôpital militaire : c'est l'*Aquæ Borbonis* des Romains.

Épinal, chef-lieu du département des Vosges, n'offre rien de remarquable.

Dans l'arrondissement de Remiremont, lorsqu'une fille se marie, on lui fait présent d'une poule blanche, si sa conduite a été irréprochable, et les jeunes filles se réunissent autour d'elle pour chanter des cantiques. Le fiancé doit aller chercher sa future au milieu d'un

groupe de jeunes filles, qui cherchent à la lui
enlever.

Dans la vallée de la Moselle, les jeunes gens se
rassemblent tous les samedis et vont chez les
paysans qui ont des filles à marier, afin de pouvoir obtenir leur main. Il paraît que, lorsqu'un
paysan veut bien recevoir ces visites, le fumier
est relevé avec propreté devant sa porte ; si, au

contraire , il est en désordre, on sait d'avance qu'il n'y a rien de bon à espérer.

Dans plusieurs villages de ce département, lorsqu'un garçon se marie , il envoie une aune de ruban à toutes les jeunes filles dont l'âge dépasse sept ou huit ans; celles-ci envoient à la mariée deux ou trois douzaines d'œufs en échange.

Le jour de la cérémonie, on apporte une énorme soupière au milieu du cimetière; en sortant de l'église , les mariés commencent à manger la soupe contenue dans la soupière et , après eux , tous les invités en mangent également. On regarde cette coutume comme le symbole de l'union qui doit régner dans le ménage.

Colmar , capitale du département du Haut-Rhin, est une assez jolie ville. On remarque ses prisons vastes et spacieuses. Les promenades sont très-agréables.

Neuf-Brisach est une assez belle ville fortifiée par Vauban; elle possède quelques beaux édifices, on remarque surtout les casernes et l'église paroissiale.

Les paysans du Haut-Rhin sont aussi superstitieux que les habitants du Bas-Rhin : ils croient que les feux follets sont autant de ma-

lins esprits qui cherchent à gagner des âmes
pour les tourmenter à leur aise.

Vesoul, chef-lieu du département de la
Haute-Saône, est une ville fort laide, qui ne
présente rien d'intéressant ; elle est entourée
de vignobles qui produisent de bon vin.

Gray, sur la Saône, à douze lieues de Vesoul,
est l'entrepôt des marchandises du midi trans-
portées dans l'est de la France. Cette ville possède un beau port sur la Saône, de vastes casernes et une belle promenade ; on remarque
surtout un moulin sur la Saône, à quinze tour-
nants dont douze pour la mouture du blé et
trois pour les mécaniques extérieures.

Besançon, capitale du département du Doubs,
est une ville bien fortifiée et entourée de montagnes. On remarque la citadelle, bâtie par ordre
de Louis XIV, sur un rocher très-élevé ; l'hôtel de la préfecture, la salle de spectacle et
l'hôpital sont des monuments qui méritent de
fixer l'attention du voyageur. L'église de la
Madeleine possède un tableau de la Résurrection par Carle Wanloo, et deux anges en
marbre de Berton. On remarque dans cette
ville beaucoup d'antiquités romaines ; les ruines
d'un amphithéâtre et d'un arc de triomphe sont
surtout remarquables.

Dans les communes de Silley et de Brétigny (Doubs), la mendicité est une espèce de commerce auquel se livrent tous les habitants, non pas par besoin, mais par goût. A les entendre, ils ont des parents partout ; et après avoir obtenu un passe-port, ils vont mendier dans les pays éloignés, et reviennent chaque année, avec une somme d'argent qui leur sert à payer leurs contributions et les dettes qu'ils ont contractées.

Dijon, capitale du département de la Côte-d'Or, est une des plus belles villes de France, on y remarque le portail de l'église Saint-Michel, l'église Notre-Dame, chef-d'œuvre d'architecture gothique, l'ancien palais des gouverneurs, l'hôpital et la flèche de Saint-Bénigne, haute de 375 pieds. Cette ville a de belles promenades et des environs charmants, qui présentent les points de vue les plus pittoresques.

Dijon a vu naître Bossuet, l'aigle des orateurs sacrés ; Crébillon, Piron et Rameau.

On remarque à Auxonne, petite ville bâtie sur la Saône, une belle école d'artillerie et un arsenal d'artillerie.

La ville de Beaune jouit d'une aisance qu'elle doit au commerce des vins exquis de son territoire. Cette ville possède un superbe hôpital.

Les célèbres naturaliste Buffon et Daubenton ont reçu le jour à Montbard, petite ville sur la Brenne.

Au fond d'un bassin , formé par des montagnes qui présentent une assez grande élévation, se trouve la ville de Lons-le-Saulnier , chef-lieu du département du Jura , bâtie sur les bords de la Vallière ; elle est irrégulière et très-malpropre, ses salines et son puits d'eau salée sont les seules choses qui méritent d'être vues.

Dans ses environs se trouvent les curieuses grottes de Revigny, d'où l'on tire une très-grande quantité de salpêtre, et la belle cascade du *Port-de-la-Sez*. Cette cascade a 400 pieds de large sur 50 de haut.

Les habitants de Saint-Amour , petite ville très-industrieuse, conservent plusieurs fêtes et cérémonies qui remontent à la plus haute antiquité. Le soir du premier dimanche de carême, es coteaux brillent de mille feux produits par des torches allumées que portent de jeunes villageois qui parcourent les campagnes. Cette soirée, appelée *soirée des brandons*, est un reste des fêtes antiques célébrées en l'honneur de Cérès courant à la recherche de sa fille Proserpine enlevée par Pluton.

Salins est remarquable par les salines qui

produisent chaque année au moins neuf mille quintaux de sel, que l'on prépare sur le lieu même.

On trouve à Arbois des vins blancs qui peuvent être comparés au champagne.

Cette ville est la patrie de Pichegru.

Dôle est une ville agréablement située sur le penchant d'une petite colline; elle possède plusieurs beaux monuments. On remarque surtout la tour de l'église paroissialé, beau morceau d'architecture gothique; les hospices, les casernes de cavalerie et le collége.

Dôle possède beaucoup de jolies promenades; les plus belles sont : le cours Saint-Maurin, entouré de charmants paysages, et le jardin Philippe.

Cette ville est célèbre dans les annales de la guerre par les siéges mémorables qu'elle a soutenus. Nous ne citerons que celui de 1435, dirigé par le duc de Bourbon, et celui de 1636, par le prince de Condé, qui tous les deux furent repoussés. Louis XIV s'empara de Dôle en 1668, et la paix de Nimègue, en 1678, la réunit à la France, ainsi que la Franche-Comté.

A une lieue de Poligny, petite ville dans une position pittoresque au milieu des montagnes, sont de vastes constructions romaines, désignée sous le nom de *Chambrettes*, et dont on ignore la destination ; on a encore découvert dans les environs deux pierres druidiques et plusieurs autres antiquités qui excitent l'intérêt des savants.

Dans les campagnes du département de l'Ain, lorsqu'un paysan se marie, il s'engage à donner à sa femme une robe noire, qu'elle doit porter le jour de la Toussaint et dans les deuils de famille. Après la bénédiction nuptiale, lorsque les époux rentrent chez eux, on a coutume de leur verser du blé sur la tête, en leur souhaitant abondance et prospérité. Si l'un des deux époux est un veuf, on ne manque pas de lui donner un charivari ; cependant il peut éviter ce désagrément en donnant un bal public qui tient lieu de charivari.

Lorsqu'une personne vient à mourir, on place à côté d'elle des meubles et des ustensiles à son usage ; ensuite on place dans sa bouche une pièce de monnaie, et, après la cérémonie funèbre, les parents du défunt se réunissent à la maison mortuaire, et le verre à la main, ils chantent les louanges du défunt.

Bourg, capitale du département de l'Ain, n'a de remarquable que l'église de Brou, monument d'une belle architecture.

Cette ville est la patrie du grammairien Vau-
gelas.

Mâcon, capitale du département de Saône-
et-Loire, fait un commerce très-considérable
des vins de son territoire. Cette ville possède
quelques beaux monuments ; entre autres on
distingue : la Comédie, le palais Montrevel, édifice d'une belle architecture ; l'hôpital, et les
bains publics. Les rues sont très-étroites et mal
percées ; et il n'y a point de places publiques.

On retrouve à Autun une foule d'antiquités
romaines, parmi lesquelles on remarque les
portes d'Arrouy et de Saint-André, le Champ-
de-Mars, les temples de Minerve, d'Apollon,
de Janus et de Cybèle. Parmi les édifices modernes, on remarque la façade du collége, le
chœur et le maître-autel de la cathédrale et le
séminaire, qui se trouve hors de la ville.

Au Creusot, à quatre lieues d'Autun, se
trouve la célèbre fonderie royale pour la ma-
rine.

La ville de Châlons - sur - Saône fait un
commerce considérable de vins. Cette ville est
devenue l'entrepôt de toutes les marchandises
expédiées par le canal du Centre.

Nevers, capitale du département de la Niè-
vre, est une ville mal bâtie ; mais elle possède

quelques beaux monuments, parmi lesquels on distingue l'ancien palais du duc de Nevers, qui se trouve sur la grande place, et les casernes de cavalerie. Il y a à Nevers une fonderie royale de canons.

Près de Château-Chinon, petite ville à quinze lieues de Nevers, on remarque les ruines de bâtiments, qui furent, dit-on, construits par César.

Bourges, capitale du département du Cher, est une ville très-grande et peu peuplée ; aussi tout y est dans l'isolement et la tristesse. La cathédrale est un des plus beaux morceaux d'architecture que l'on puisse voir.

Le père Bourdaloue, célèbre prédicateur, et le père d'Orléans, historien, ont reçu le jour à Bourges.

Moulins, chef-lieu du département de l'Allier, est une belle ville, bien bâtie et entourée de jolies promenades. On remarque le pont sur l'Allier et les Carmes.

Moulins est la patrie du maréchal de Villars.

Clermont-Ferrand, chef-lieu du département du Puy-de-Dôme, est une ville fort ancienne. Ses rues étroites, ses maisons bâties avec une pierre presque noire lui donnent un air triste et sombre : mais les places publiques sont superbes. Parmi les monuments les plus curieux, on remarque la cathédrale, d'une architecture imposante, et le collége bâti dans le dix-septième siècle.

Cette ville a vu naître le physicien Blaise Pascal et le grammairien Girard.

Riom, jolie ville à trois lieues de Clermont, a des rues larges et bien percées ; on y remarque la tour de l'horloge et au palais de justice la Sainte-Chapelle.

Montbrison, chef-lieu du département de la Loire, est une assez jolie ville située au milieu d'une plaine très-fertile. Les casernes sont remarquables par leur grandeur.

Saint-Étienne, à huit lieues de Montbrison, possède une manufacture royale d'armes établie par François Ier, une école de mineurs et beaucoup de fabriques d'armes à feu et d'armes blanches.

De Saint-Étienne on arrive à Lyon par le chemin de fer.

En entrant dans cette ville, on est séduit par les admirables points de vue qu'offrent les bords de la Saône et du Rhône.

La montagne de Fourvières, autour de laquelle Lyon s'élève en amphithéâtre, offre les points de vue les plus pittoresques ; sur son sommet on trouve une chapelle, jadis le but de pieux pèlerinages.

Une foule de monuments très-curieux attestent l'antique origine de la seconde ville de France.

Marc-Antoine fit construire ces fameux aqueducs qui y apportaient de sept lieues les eaux du Furens.

On trouve dans le faubourg Saint-Just un souterrain de douze arcades qui fut construit par Dioclétien pour servir de réservoir ; on trouve aussi des mosaïques très-curieuses. On admire dans l'église Saint-Jean une horloge qui passe à juste titre pour un chef-d'œuvre de mécanique.

Cette pièce admirable a la forme d'une tour carrée terminée par un dôme. Un coq annonce l'heure en battant des ailes et en chantant trois fois. Un suisse, placé sur un petit balcon qui couronne le dôme, vient frapper l'heure avec un marteau.

Cette horloge marque le lever et le coucher du soleil, les signes du zodiaque, et les phases de la lune.

Les monuments les plus remarquables sont l'hôtel de ville, la Bibliothèque et l'Hôtel-Dieu; une foule de beaux monuments décorent ces édifices.

Les travaux Perrache, qui ont pris le nom de l'ingénieur qui les a fait exécuter, montrent ce que peut l'art réuni à la patience. Ils sont destinés à détourner le Rhône du lit qu'il occupait d'abord, afin de donner une direction plus droite aux grandes routes de Forcy.

Lyon possède un grand nombre de manufactures, plus de trente mille ouvriers travaillent constamment à la fabrication d'étoffes d'or, d'argent et de soie qui sont recherchées dans les quatre parties du monde.

Les Lyonnais sont généralement actifs, laborieux et propres au commerce.

Si Lyon possède de beaux monuments et d'agréables promenades, tels que le quai Saint-Clair, l'Arsenal, la place Bellecour, l'allée Perrache, on trouve aussi des quartiers sales, des rues étroites et obscures; le faubourg de Vaise n'est habité que par des marins qui, au lieu de vitres, se servent de papier huilé pour leurs fenêtres.

En 1793, Lyon fut victime du vandalisme révolutionnaire; les monuments eurent beaucoup à souffrir, les habitants se défendirent avec courage, et des flots de sang coulèrent.

Aujourd'hui Lyon a reconquis son opulence, son activité et son antique splendeur.

A Lyon, en prenant les bateaux à vapeur de la Saône, le voyageur revient à Châlons, que nous avons fait connaître, et, se dirigeant sur Montereau, célèbre par les glorieuses batailles que l'armée française livra en 1814, il revient dans la capitale en parcourant la ligne fluviale de la Seine, qui encadre de sa coquette ceinture les beaux paysages de Melun, de Corbeil, dont Paris forme le grand et sévère horizon.

LA CORSE.

Pour être fidèle à notre itinéraire, nous aurions dû peut-être profiter de notre séjour à Marseille ou à Toulon pour faire une excursion dans ce département qui, parmi ses gloires, compte celle d'avoir vû naître le plus grand homme des temps modernes, Napoléon. Hâtons-nous de réparer cette omission.

Du milieu de la Méditerranée, à 76 milles des côtes de France, à 35 milles de Livourne, à 5 lieues de l'île de Sardaigne et à 120 lieues de la baie de Tunis, s'élève, entre le 41° et le 42° de latitude septentrionale et le 6° et 7° de latitude du méridien de Paris, une île rocailleuse dont les pics couronnés de neige se confondent avec les nuages : c'est la Corse.

La Corse n'a pas toujours été française ; longtemps elle a été sous la domination de Gênes. En 1730 elle secoue ce joug, et se déclare indépendante. La France arme en faveur des Génois, soumet les rebelles, et, pour prix de ses services, obtient la cession de l'île, 1768. La trahison de Paoli la livra en 1794 aux Anglais, mais ils ne la conservèrent que deux ans.

Ses principales villes sont : *Ajaccio*, petite ville épiscopale et chef-lieu du département, avec un beau port défendu par une citadelle. Elle est située sur la côte occidentale ; *Bastia*, sur la côte orientale, autrefois la capitale ; *Calvi, Corte, Sartene, Porto-Vecchio.*

La population n'est guère que de 190,000 âmes.

La situation insulaire de ce département et la position avantageuse qu'il occupe au centre de la Méditerranée lui donnent une grande importance politique et commerciale, surtout depuis la conquête d'Alger. Il mérite donc une description toute spéciale ; l'on nous saura gré de faire connaître aussi le caractère vrai de ses habitants.

La Corse, par ses hautes forêts de pins, ses torrents qui déchirent ses vallées profondes, le grandiose de ses sites alpestres, rappellerait la Suisse au voyageur du continent, si des bois d'orangers, d'oliviers et de grenadiers, des machis de myrtes et de bruyères ne révélaient une terre aimée du ciel.

Cette île fertile et inculte à la fois est habitée par une race primitive, pauvre, belliqueuse et hospitalière, mais vive et poétique ; attachée à sa religion, mais naïve, et, comme toutes les populations solitaires qui vivent sans contact avec l'étranger, portant la vengeance fort loin, le point d'honneur plus loin encore.

Au premier aspect du pays, on reconnaît un peuple essentiellement catholique ; des croix grossièrement sculptées s'élèvent non-seulement à l'entrée des villages, mais encore à l'embranchement de toutes les routes : elles guident le voyageur et chassent les esprits malins, disent les insulaires. Sur la croupe arrondie des collines plantées d'énormes châtaigniers, on distingue les clochers pittoresques des ermitages que quelques ermites pieux desservent encore.

De petites églises couronnent les hauteurs; on les aperçoit de fort loin dans la campagne. Ce site n'a pas été choisi au hasard ; elles sont ainsi placées afin que les proscrits, qui n'osent se rapprocher des habitations des hommes, et les bergers, qui ne quittent leurs troupeaux ni le jour ni la nuit, puissent faire de loin leurs dévotions. Si le culte de la Sainte-Vierge approche quelque part de l'adoration, c'est en Corse.

Des madones, parées de ces fleurs au parfum pénétrant qui ne croissent que sous un ciel de feu, sont placées dévotieusement sous les vieilles ramées des forêts. On les retrouve au milieu des massifs d'orangers en fleurs ; l'ombre de leurs chapelles se projette à midi sur le cours des ruisseaux. Elles s'élèvent au bord de la mer sur les ruines des tours romaines d'où elles protégent la pêche du corail. Posées sur l'escarpement d'un rocher, à la tête d'une gorge étroite, connue seulement des mouflons sauvages et des bandits, elles sont le dernier lien religieux du proscrit comme sa dernière espérance.

Ces hommes fougueux qui n'ont point balancé à se venger d'un affront par un meurtre, jeûnent le samedi au pain et à l'eau en l'honneur de Marie. Ils étendent le soir leurs membres fatigués aux pieds de la madone, ils portent son image protectrice cachée sous leurs pauvres vêtements ; c'est en son nom qu'ils demandent aux bergers un peu de pain et de lait pour soutenir leur existence misérable, car ces hommes mis hors la loi se feraient scrupule de prendre quelques poignées de châtaignes, ils n'oseraient abattre dans les champs un fruit qui ne leur appartiendrait pas. À peine sortis du berceau, ils balbutièrent sur l'Évangile le serment solennel de respecter le bien d'autrui, et ce serment les lie encore. Un proscrit convaincu de vol deviendrait l'exécration de sa famille entière, et serait fusillé sur le champ par ses compagnons. Lorsque le jour finit et que l'Angelus sonne, les bandits, fussent-ils traqués dans les bois comme des bêtes féroces, s'arrêtent un instant pour prier ; ils ôtent humblement leur *berretta*, et murmurent en toute hâte la Salutation angélique. Le coup de fusil qu'ils échangent en courant contre les décharges de mousqueterie de ceux qui les poursuivent est toujours précédé de deux signes de croix.

Que l'on ne s'étonne point de ce mélange de piété et de révolte, le Corse suce avec le lait la haine contre son ennemi ; il est entouré de parents et d'amis qui regardent le pardon des injures comme la plus indigne lâcheté, on étale de bonne heure à ses yeux les vêtements souillés du sang des victimes qui sont tombées sous le poignard de ses adversaires. On lui dit qu'il faut qu'il les venge au prix de sa liberté, au péril de sa vie : des siècles ont consacré cette coutume barbare que la religion n'a pu détruire. Ces animosités s'amortissent sur le continent ; on a vu de jeunes officiers les oublier totalement sous la tente, et se lier d'une amitié fraternelle. De retour au pays natal, ils s'embrassaient pour ne plus se revoir ; ils avaient bientôt repris leur haine héréditaire.

On pourrait dire des Corses qu'ils ont apporté au milieu du dix-neuvième siècle les vertus et les défauts énergiques du moyen âge. Leur hospitalité généreuse jusqu'à l'imprudence a quelque chose de chevaleresque.

Les pratiques de la religion sont observées avec une exactitude rigoureuse. Ce peuple pauvre, et qu'un travail ingrat appelle chaque jour dans les champs, jeûne exactement tout le carême, et ne se nourrit souvent que de pain, de laitage et de fruits secs. Les plus fervents font ce qu'ils appellent les quarante-huit heures, pendant la semaine sainte, c'est-à-dire qu'ils se privent de toute nourriture depuis le jeudi saint à midi jusqu'au samedi à la même heure. Pendant cet intervalle, ils se refusent jusqu'à une goutte d'eau. Les processions du jeudi saint ont quelque chose de fantastique qui s'allie merveilleusement aux cérémonies lugubres de la journée. Pendant la nuit on voit défiler à travers les bois ou descendre du haut des montagnes une grande procession de pénitents blancs qui parcourent lentement la campagne à la lueur des torches ; silencieux comme des fantômes, ils roulent entre leurs doigts les grains de leurs rosaires, et fléchissent humblement le genou devant les croix et les madones : ils vont visiter les chapelles qui renferment les tombeaux du Christ. Arrivés là, ils chantent en chœur le *Stabat* avec leurs belles voix italiennes, si pures et si harmonieuses. Les jeunes pâtres, groupés au sommet des collines, mêlent leurs voix sonores au chant des pénitents, et le proscrit le répète à son tour dans la région voisine des nuages.

Les Corses font souvent des pèlerinages, surtout à l'autel de Saint-Côme et de Saint-Damien qui sont, après la Madona, les saints les plus vénérés du pays. Un paysan tombe-t-il malade, sa femme et ses enfants font vœu de traverser toute l'île, pieds nus, à travers les chemins raboteux des montagnes, pour obtenir sa guérison. A peine est-il guéri, que, toute affaire cessante et quelle que soit la rigueur du temps, ils partent pour accomplir leur vœu, en y ajoutant encore, par reconnaissance plus sévère, un jeûne qu'ils n'avaient point promis.

Les Corses n'abandonnent leurs amis ni dans la vie, ni dans la mort; leur amitié est indestructible comme leur haine. Tant qu'ils conservent une lueur d'espoir au chevet d'un malade, ils prodiguent les vœux, les pèlerinages à Saint-Côme, les offrandes à l'autel de la mère de Dieu; conservant un reste de ces croyances celtiques dont on retrouve des traces plus ou moins apparentes chez toutes les nations de a vieille Europe , ils offrent naïvement vie pour vie. Leurs parents morts peuvent compter sur les mêmes soins. Ils marquent les agneaux les plus gras , les plus belles chèvres de leurs troupeaux pour les âmes du purgatoire. A la récolte des noix et des châtaignes , ils font la part des trépassés ; à la Saint-Sébastien, ils remplissent de pains de froment la nef de leur petite église. Ces dons, les seuls que puisse offrir un peuple pauvre en numéraire, retournent ordinairement au malheureux , au voyageur , à l'étranger : un presbytère corse est ouvert à tout venant, comme un caravansérail d'Orient.

Chose étrange ! ces hommes qui prient chaque jour pour les morts , qui se privent pour eux d'une partie du nécessaire, qui conservent pour leur mémoire une espèce de culte, ont les cimetières en horreur. On les relègue à quelque distance du village, on fait un long détour pour éviter de passer auprès ; personne ne se met en prières sur les tombes. Ce n'est point insensibilité, c'est terreur. La nation corse ressemble à une médaille un peu rouillée du douzième siècle, mise en circulation parmi les monnaies presque effacées du dix-huitième.

Les coutumes observées dans les funérailles sont profondément empreintes d'un caractère national. Au moment où l'on sonne le glas de la mort, amis et ennemis disent le *De profundis.* Le soir., la confrérie du Saint-Sacrement, accompagnée d'une grande partie de la population, se rend processionnellement sur la place publique, où l'on récite tout haut le chapelet. On désigne les confrères qui doivent veiller et prier dans la nuit auprès du mort; c'est ce qu'on appelle *veglia.* Le lendemain arrivent les députations des villages voisins, conduites ordinairement par une parente du mort; les hommes sont armés de fusils comme pour une expédition guerrière, les femmes poussent des cris perçants.

C'est alors que commence cette improvisation en vers, cette oraison funèbre, ou plutôt ce chant de mort, que les Romains nommaient *ululatus*, mais qui se rapproche encore plus du *coronach* des montagnards d'Écosse et de l'*ululos* des catholiques irlandais. Ce chant roule ordinairement sur les vertus du mort; on lui demande, avec l'accent de la douleur et du reproche, pourquoi il abandonne sa famille, son fusil qu'il ne quittait jamais, sa pêche au bord des eaux, ses chasses sur la montagne.

On lui demande pourquoi le son des cloches, qui signale ordinairement la résurrection du Sauveur, ne le rappelle pas à la vie. A chaque pause, des cris déchirants échappent aux femmes de la famille, elles se meurtrissent le sein, s'arrachent les cheveux; il y a quelque chose d'égaré, de barbare dans leurs cris sauvages. Les hommes conservent une contenance grave, ils s'entretiennent du mort à voix basse; leur douleur, moins bruyante que celle des femmes, a quelque chose de mâle et de touchant. Le jour de l'enterrement, tout le monde s'abstient du travail, les inimitiés s'éteignent au pied du cercueil, et les ennemis de la famille du défunt assistent tous à son convoi dans l'attitude de la douleur et du recueillement. Autrefois les funérailles se terminaient par un festin funèbre donné sur la place publique; mais cette coutume est tombée en désuétude.

FIN DES PROMENADES GÉOGRAPHIQUES.

Les *Petits livres de M. le Curé* forment une collection variée d'ouvrages illustrés de charmantes vignettes qui peuvent être mis avec fruit entre les mains de l'enfance et de l'adolescence.

Pour l'*éducation morale*, cette publication offre un grand choix d'historiettes ou contes à la façon du chanoine *Schmid*, inédits, et rédigés par M. l'abbé *de Savigny*, dont les ouvrages d'éducation jouissent d'une popularité méritée.

Pour l'*éducation intellectuelle* : le résumé de l'histoire des peuples anciens et modernes, une série des meilleurs ouvrages classiques, le rudiment des sciences, des arts et de toutes les connaissances usuelles.

Pour l'*éducation religieuse* : l'Histoire de l'Ancien et du Nouveau Testament, l'Imitation de Jésus-Christ, les saints Évangiles et les Beautés de l'histoire du Christianisme, etc.

Pour

15 *francs*, on devient propriétaire de 50 petits volumes dont on peut faire soi-même une intelligente répartition.

58 *francs*, un conseil municipal pourra remettre entre les mains du desservant d'une paroisse ou d'un chef d'école communale 200 volumes.

110 *francs*, le chef spirituel d'un diocèse ou l'administrateur d'un département aura 400 volumes à distribuer (deux collections entières formant 200 ouvrages complets).

1000 *francs* (remise de 60 fr.), un conseil-général votera une distribution locale de 4,000 volumes, et chaque école participera à la répartition.

La *Bibliothèque du Presbytère*, publiée avec luxe, est placée sous le patronage du clergé, des autorités municipales, des chefs d'institution et des mères de famille.

Il paraît tous les samedis 1 vol. illustré de 10 à 15 gravures. Prix : *trente centimes*.

— Imprimé par Béthune et Plon. —